뱀 방귀 전문가 데이비드 스트린에게. 선생님이 없었으면 이 책은 나오지 못했을 겁니다 – **글쓴이**
프레야에게 – **그린이**

글쓴이 닉 카루소(Nick Caruso)는 미국 버지니아 공과대학의 어류 및 야생동물 보호국에서
연구원으로 일하고 있습니다.

글쓴이 다니 라바이오티(Dani Rabaiotti)는 박사과정을 밟고 있는 동물학자로 런던동물원에서
일하고 있어요. 닉 카루소와 함께 동물 방귀 도감『Does It Fart』를 썼는데,
이 책이 〈뉴욕타임스〉의 베스트셀러에 올랐습니다.

그린이 알렉스 G. 그리피스(Alex G. Griffiths)는 '사소한 동물 지식' 시리즈를 비롯해
『Bug Collector』 같은 그림책에 그림을 그린 화가이자 디자이너입니다. 영국에서 살고 있어요.

옮긴이 이혜선은 대학에서 국문학을 공부하고 지금은 전문 번역가로 일하고 있습니다.
『북극곰이 사라진다면』『상어가 사라진다면』 등 많은 어린이 책을 우리말로 옮겼습니다.

DOES IT FART?

Copyright ©2019 by Nick Caruso and Dani Rabaiotti ©2019 by Alex G. Griffiths
This edition is published by arrgwment with Little, Brown and Company, New York, USA.
All rights reserved.

Korean translation copyright ©2020 by NAMUYAA PUBLISHER
Korean translation rights arranged with Little, Brown and Company through EAY(Eric Yang Agency)

이 책의 한국어판 저작권은 EAY(Eric Yang Agency)를 통한 Little, Brown and Company 사와의 독점계약으로
'도서출판 나무야'가 소유합니다. 저작권법에 의하여 한국 내에서 보호를 받는 저작물이므로 무단전재 및 복제를 금합니다.

너도 방귀 뀌니?

초판 1쇄 발행 2020년 3월 1일, 초판 2쇄 발행 2021년 4월 15일 | **글쓴이** 닉 카루소, 다니 라바이오티 | **그린이** 알렉스 G. 그리피스 |
옮긴이 이혜선 | **편집디자인** 이영아 **종이** 신승지 류유통(주) | **인쇄·제본** 상지사 P&B | **펴낸곳** 도서출판 나무야 | **펴낸이** 송주호 |
등록 제307-2012-29호(2012년 3월 21일) **주소** (03424) 서울시 은평구 서오릉로27길, 4층 | **전화** 02-2038-0021 |
팩스 02-6969-5425 | **전자우편** namuyaa_sjh@naver.com **ISBN** 979-11-88717-13-2 77490

• 이 책 내용의 전부 또는 일부를 재사용하려면 반드시 저작권자와 도서출판 나무야 양측의 동의를 받아야 합니다.
• 책값은 뒤표지에 표시되어 있습니다.

너도 방귀 뀌니?

어린이를 위한 동물 방귀 책

닉 카루소, 다니 라바이오티 글 ★ 알렉스 G. 그리피스 그림 ★ 이혜선 옮김

Namuyaa Publisher

이 책은 방귀에 대한 거야

그래, 맞아. **뿡**, **보옹**, **뿌지직**, 뭐 이런 거 말이야.

방귀라는 말만 들어도 웃음이 날 거야. 방귀 소리가 좀 웃기잖아! 방귀 냄새도 그렇고 말이야. 그런데 이런 방귀 소리와 냄새가 어디서 생겨났는지 아니?

첫 번째 답은, 너희가 음식물이나 음료를 먹고 마실 때 공기도 함께 삼키게 되잖아. 그 공기가 도로 몸 밖으로 나오는데, 대개는 트림으로 나오지만 방귀로도 조금 나오는 거야.

두 번째 답은, 너희가 음식을 먹으면 '소화'라는 과정을 거치잖아. 몸속으로 들어간 음식물이 잘게 분해되는 동안 가스가 만들어져서 내장에 쌓이게 돼. 그럼 너희들의 엉덩이 근육이 빵빵해진 가스를 밖으로 내보내서 방귀가 되는 거지.

세 번째 답은, 너희 몸속에 '세균'이라는 작은 생명체가 살고 있어서 너희를 위해 분해하기 힘든 음식물을 처리해 줘. 세균이 음식물을 먹어치우는 동안 가스가 많이 만들어지는데, 그 가스가 방귀로 나오는 거야.

방귀에도 여러 종류가 있다는 건 알고 있지? 어떤 방귀는 냄새가 아주 심하고, 어떨 때는 방귀가 이상한 소리를 내면서 나오기도 해. 이것은 너희가 어떤 음식을 먹는지, 얼마나 건강한지, 몸속에 세균이 얼마나 많은지에 따라 달라져.

이를테면 너희가 브로콜리, 콩 같은 채소나 우유, 요거트 같은 유제품을 먹으면 방귀를 잔뜩 뀌게 될 거야. 채소와 우유는 몸속에서 분해되기까지 시간이 오래 걸리고, 분해되는 사이에 가스가 많이 쌓이거든.

냄새가 별로 없는 방귀를 뀔 때도 있어. 그런 방귀는 냄새가 없는 '이산화탄소'라는 분자로 되어 있어서 그래. 하지만 고기처럼 '황'이 많이 든 음식을 먹으면 방귀 냄새가 고약해져. 몸이 아프거나 알레르기를 일으키는 음식을 먹었을 때도 냄새가 지독한 방귀를 뀌게 돼.

가끔은 너희 뱃속에 세균이 많아질 때가 있는데, 그 작은 먹보 세균들이 만들어 내는 가스를 없앨 때도 방귀를 뀌는 게 가장 좋은 방법이지. 너희가 '방귀 공룡'이 되어서 말이야.

지금까지 방귀라는 말이 나오는 걸 보고 몇 번이나 웃음을 터뜨렸니?

잘했어! 방귀는 생각만 해도 웃기니까. 집에 반려견이 있다면, 동물들이 뀌는 방귀가 엄청 웃기다는 걸 잘 알 거야. 한번 생각해 봐! 고래 방귀는 분명 '굉장하지' 않을까? 뱀 방귀는 어떨까? 거미 방귀는? 문어는 방귀를 뀔까? 문어가 방귀를 뀐다면 어떤 소리가 날까?

이 책을 읽고 나면, 이 동물들이 방귀를 뀌는지 안 뀌는지 알게 될 거야. 또 어떻게, 왜, 얼마나 방귀를 뀌는지 너희가 생각해 본 적도 없는 것들도 알게 될 거야.

말, 앵무새, 치타, 거미, 고래, **족제비**, 도마뱀, **풀잠자리**, 염소, **도롱뇽**, 바다사자, 침팬지, **유니콘**, 뱀, 문어, **여우원숭이**, 개, **공룡**, 청어, 그리고 아이들

어떤 동물이 방귀를 뀌고, 어떤 동물이 방귀를 안 뀌는지 짐작이 가니?

자, 그럼…… 같이 알아볼까?

얘는 말이야.

방귀 뀌냐고?

응, 아주 많이!

말은 풀을 주로 먹어. 먹은 풀을 다 소화하려면 시간이 오래 걸리지. 풀은 '섬유소'라는 물질로 되어 있어서 분해하기 힘들거든. 그래서 말은 몸속에 소화를 도와주는 세균이 엄청나게 많아. '많은 풀 + 많은 세균 = 아주아주 많은 방귀.' 말은 동물의 세계에서 최고의 방귀쟁이라고 할 수 있지.

또 나온다!

얘는 앵무새야.

방귀 뀌냐고?

아니!

새들은 방귀를 뀌지 않아. 새의 뱃속에는 가스를 만드는 세균이 없어. 먹이를 먹으면 너무 빨리 뱃속을 지나가 버려서 가스가 쌓이질 않는 거야. 특히 앵무새는 소리를 잘 따라 해서 어떤 사람들은 앵무새의 방귀 소리를 들어본 줄 알아. 사실은 앵무새가 목으로 방귀 같은 소리를 낸 건데 말이야. 그건 너희가 메롱, 하고 놀리는 거랑 비슷한 거야.

얘는 치타야.

방귀 뀌냐고?

물론이야!

치타는 고기를 먹어. 보통 가젤이나 임팔라 같은 동물을 먹지. 고기를 먹는다는 건, 치타의 방귀 냄새가 진짜! 진짜! 진짜! 지독하다는 뜻이야. 어쩌면 그 때문에 치타가 육지에서 가장 빠른 동물이 됐는지도 몰라. 자기 방귀 냄새를 앞질러 가려고 그렇게 뛰는지도 모른다는 거지!

후유… 방귀 덕분에 살았네!

얘는 거미야.

방귀 뀌냐고?

그건 아무도 몰라!

과학자들이 확실히 아는 건, 거미가 액체만 먹는다는 거야. 그래서 거미는 먹잇감을 잡으면 몸에다 독을 집어넣어. 먹잇감의 내장이 분해되어 액체로 바뀌기를 기다렸다가 후루룩 마시는 거야. (아우, 더러워!) 그런데 거미 몸속에는 세균이 있고, 그 세균이 가스를 만들 수도 있어. 그러니까 거미가 방귀를 뀔지도 모른다는 거지.

얘는 고래야.

방귀 뀌냐고?

당연하지!

고래는 엄청 크고, 흰긴수염고래는 지구에서 가장 큰 동물이야! 고래는 커다란 위장에 세균이 가득 있어서 플랑크톤이나 물고기 같은 먹이를 분해해. 그 사이에 가스가 아주 많이 생기는데, 그래서 고래 방귀는 소리가 어마어마하게 크고 냄새도 끔찍하지. 그뿐만이 아니야. 고래가 죽은 뒤라도 몸속에 가스가 아직 남아 있을 수 있어. 그래서 빵빵하게 부풀어 오른 고래의 몸이 풍선처럼 뻥, 하고 터질 수도 있어!

얘는 족제비야.

방귀 뀌냐고?

맞아!

족제비는 자기 방귀 소리에 놀라서 어리둥절한 표정을 지을 때가 있어. 그렇다고 일부러 겁을 주진 마. 족제비는 겁을 먹으면 괴성을 지르면서 몸을 불룩하게 만들고는 방귀와 함께 똥을 싸버리기도 하거든. (그걸 보면 너희도 아마 이상한 소리를 지르게 될걸.)

얘는 풀잠자리야.

아기 풀잠자리도 있네.

방귀 뀌냐고?

그래, 얘들도 방귀 뀌어!

풀잠자리는 흰개미집 바로 옆 썩어가는 나무에 알을 낳아. 알에서 아기 풀잠자리가 나오면 흰개미집으로 몰래 들어가 거기 살고 있는 흰개미를 먹지! 풀잠자리 가운데 어떤 종은 방귀로 흰개미를 기절시키기도 한대. 믿어지니? 꼬리를 바짝 치켜든 아기 풀잠자리가 화학물질을 뿜어내면 흰개미가 꼼짝 못 하고 결국 죽게 된다는 거야. 그런 다음 죽은 흰개미를 냠냠 먹어치우는 거지. 이 모든 것이 지독한 방귀 덕분이라니!

얘는 염소야.

방귀 뀌냐고?

물론, 뀌고말고!

염소는 세균이 가득 든 위장이 네 개나 있고, 주로 풀을 먹기 때문에 방귀를 엄청나게 뀌어. 트림은 훨씬 더 많이 하고 말이야. 한 번은 염소 2천 마리를 싣고 가던 비행기가 비상착륙을 해야만 했대. 무슨 일이냐고? 비행기 안에서 뀌어댄 방귀랑 트림 때문에 화재경보기가 울렸거든!

큰일 났다!
지금 착륙해야 해!

얘는 도롱뇽이야.

방귀 뀌냐고?

어쩌면……

도롱뇽 방귀 소리를 들어본 사람은 지금까지 한 명도 없어. 그래서 과학자들이 추측하기로는, 도롱뇽의 엉덩이에는 가스를 몸 밖으로 밀어낼 힘센 근육이 없을 거라는 거야. 그런데 조심해야 할 게 있어. 도롱뇽은 다른 동물에게 공격당하는 느낌이 들면 곧바로 똥을 싸버려. 가끔은 그 똥에서 엄청난 냄새가 나기도 한대. 그러니까 도롱뇽을 기른다면 갑자기 손을 내밀거나 해선 안 돼. 알겠지?

얘는 바다사자야.

방귀 뀌냐고?

물론이야!

바다사자는 주로 물고기를 먹어. (게나 펭귄을 먹는 바다사자도 있고!) 그러니까 바다사자 방귀에서는 비린내가 많이 나고…… 그래, 맞았어! 냄새가 아주 지독해. 동물원 사육사들 말로는, 동물의 왕국에서는 바다사자의 방귀 냄새가 가장 지독할 거래! 다음에 동물원에서 바다사자를 보게 되거든 잊지 말고 콧구멍을 꼭 막으렴.

네 방귀 냄새 정말 심했어!

얘는 침팬지야.

방귀 뀌냐고?

응! 소리도 크고!

침팬지는 큰소리로, 자주 방귀를 뀌어. 과학자들은 그 방귀 소리를 듣고 숲속에 숨어 있는 침팬지를 찾아낸대! 다음에 숨바꼭질할 때는 침팬지한테 같이 하자고 한번 해 봐. 너희가 분명 이길 거야.

얘는 유니콘이야.

방귀 뀌냐고?

유니콘은 이 세상에 없어.

그렇지만 있다면 뀔 거야! 유니콘은 말과 비슷한데 말이 방귀를 많이 뀌잖아. 유니콘이 있다면 분명 방귀를 뀔 테고, 방귀에서는 가스뿐만 아니라 무지개랑, 반짝이 별이랑, 컵케이크도 나오지 않을까?

얘는 뱀이야.

방귀 뀌냐고?

그래, 뱀도 방귀를 뀌어!

그뿐만이 아니야. 소노란 산호뱀은 위협을 느끼면 몸을 둘둘 말아. 머리는 감추고 꼬리는 바싹 치켜들지. 그러고는 똥과 오줌이 나오는 곳으로 공기를 빨아들인 다음 곧바로 자신을 놀라게 한 포식자에게 내뿜어. 바로 그때 뿡, 하고 큰소리가 나. 사람이 뿡, 하고 뀌는 방귀 소리랑 비슷하지. 별로 무서워할 것 같지는 않지만…… 그래도 참 별나지 않니?

무섭지?
진짜 무섭지?

얘는 문어야.

방귀 뀌냐고?

아니!

문어 몸속에는 방귀 가스를 만들어 주는 세균이 없어. 그렇지만 방귀 뀌기와 비슷한 일을 두 가지나 할 줄 알아. 첫째, 문어는 위험에서 벗어나려고 몸에서 재빨리 물을 뿜어내. 둘째, 문어는 포식자들을 헷갈리게 하거나 자신을 보호하려고 독이 든 먹물을 뿜어내기도 해. 그건 너희도 잘 알고 있지?

이봐! 어디로 간 거야?

얘는 여우원숭이야.

방귀 뀌냐고?

물론이야!

그뿐만이 아니야! 여우원숭이는 여러 가지 냄새로 서로 의사소통을 해. 특히 알락꼬리여우원숭이는 발목에서 나는 냄새와 어깨에서 나는 냄새를 이용해. 알락꼬리여우원숭이 수컷은 이 냄새를 한데 섞어 꼬리에 문지른 다음 이리저리 흔들어. 그러면서 마치 힘자랑을 하듯 '냄새 싸움'을 시작하지. (정말 신기하지 않니?)

얘는 개야.

방귀 뀌냐고?

그야 물론이지!

요즘은 개와 함께 사는 사람들이 굉장히 많아. 그래서 어떻게 하면 개가 뀐 방귀 냄새를 덜 맡을지 방법을 연구하는 과학자도 있대. 방귀 냄새가 밖으로 새 나오지 않게 하는 옷도 벌써 만들었다는걸! 어떤 과학자는 말이야, 그 옷을 만들 때 방귀 냄새가 얼마나 나는지 1등부터 차례대로 순위를 매기기도 했대.

얘, 네 방귀가 1등이다!

얘는 공룡이야.

방귀 뀌냐고?

지금은 아니야!

공룡은 아주 오래 전에 멸종했어. 공룡으로부터 진화해서 지금까지 살아 있는 동물은 새뿐이고, 새는 방귀를 뀌지 않아. 그렇지만 공룡은 종류가 하도 많으니까 방귀를 뀌는 공룡들도 있었을 거라 보는 게 맞을 거야. 공룡이 뀐 방귀는 틀림없이…… 어마어마했을걸!

얘는 청어야.

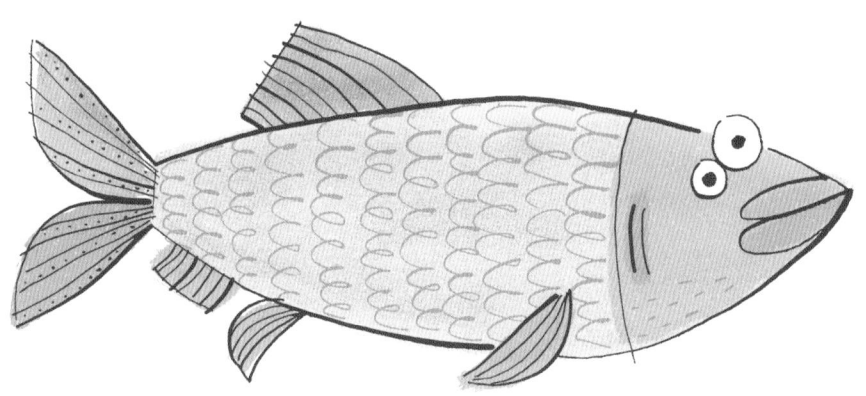

방귀 뀌냐고?

그래, 맞아!

청어는 수면으로 올라와서 공기를 삼킨 다음 몸속에 저장해. 그러고는 다시 물속으로 들어가 빠르게 뿜어내면서 몇 초 동안 뿌뿌뿌뿌, 하는 소리를 계속해서 내곤 하지. 과학자들 말로는, 청어는 이 방귀 소리로 의사소통을 해서 서로서로 꼭 붙어 다닌대. 그렇지만 다행히 청어를 잡아먹는 포식자들은 대부분 이 소리를 듣지 못한대. 그러니 청어에게는 그들만의 '방귀 암호'가 있는 셈이지. (혹시 부럽니?)

반가워, 친구!

어, 아이들이네? 방귀 뀌냐고?

(다 알면서 뭘 물어?)

물어보나 마나지!

사람이라면 누구나 방귀를 뀌어. 부모님부터 이웃에 사는 사람, 선생님, 대통령까지 모두 다. 사람은 하루에 열 번에서 스무 번 정도 방귀를 뀐대. 물론 하루에 오십 번쯤 뀌는 사람들도 있지.

재미있는 건, 지구에 사는 생물 가운데 방귀를 부끄러워하거나 역겨워하는 종은 오직 인간뿐이래. 그러니까 실수로 방귀를 뀌게 되면 동물의 세계를 한번 떠올려 봐. 방귀는 재미있으면서도 그 안에 신기한 과학 이야기가 많다는 걸 잊지 마.

또 너희가 좋아하는 대부분의 동물들이 방귀를 뀐다는 사실도. 그렇다고 '방귀 싸움' 같은 건 하지 않아도 돼. '방귀 암호' 같은 것도 만들지 말고…….